في بلاد الأي حد

طارق التريري

Published by 2022 ,طارق التريري.

في بلاد الأي حد

First edition. June 10, 2022.

Copyright © 2022 طارق التريري.

ISBN: 979-8223127352

Written by طارق التريري.

قائمة المحتويات

لكُل مُحبي الشعر أتمنى أن ينال العمل رضاكُم

طارق التريري

لكُل مُحبي الشعر أتمنى أن ينال العمل رضاكُم

طارق التريري

فيك بلاد

فيك بلاد راحت لحالها
وفيك بلاد بتموت خلاص
وامتى ناوي تفوق ياوطني؟
مين حيو هبنا الخلاص؟
كُل رجالتك خصيتهُم؟
ولا مش لاقيه الرصاص؟
ولا يمكن نسيوا سيرتك؟
لما كُنت انتا المناص
للحضاره وللرياده
وكُل عُشاق الخلاص
لما خيلك رايحه جايه
وانتا شئ صعب المراس
كُلوا بيهابك يهادن
كُلو بيشيل المداس
كُلو عارف يوم ما تغضب
فيها موته وقطع راس
فجأه صرت ذليل ياوطني
فجأه بتعزل خلاص
تسكُن الأوهام وترحل
ننقهر ونقول خلاص
فجأه بنوطي البنادق
فجأه بنشيل الرصاص
نُنضُمو ونِعمِلها سبحه
نوطي ونبوس المداس

جنة بلحه

بلحه اخترع جنه
حالف يبيعهالنا
وكلابو بتهوهو
مش قادره تستنى
خايفين لا تتبخر
تلحق وعود تانيه
شمت هوا صدت
ما استحملت ثانيه
من عينة صَبَح
والفكه سيبهالنا
نايم وبيخطط
قايم يُصُبلنا
من يوم ما شوفناها
وش الهنا سونيا
ونزلنا نتماحن
نتبرى م التانيه
يناير الفاجره
يناير الزانيه
عايز يريحنا
من غُلبها الدُنيا
حتى الأثار باعها
خايف لتفتنا
ونضِل.. نِعبُدها
نخسر بقى ديننا
أصنام وملعونه
واهو باعها وفثانيه
حدش فتح بوقو؟
من عرابين سونيا
يابتوع حيبنيها
وحتسبق الدُنيا

والعيب طلع فيها؟
ولا اكتفت سونيا؟
تُقعُد وتتمرجح
وتلف في الدُنيا
وتجيب قروض ياما
تلهفها في ثانيه
تدخُل على حسابُهم
ويصبُوا في التانيه
الدايبه مصلحتك
ياشهيد غرام سونيا

انتهت فيك البطوله

و انتهِت فيك البطوله
شمسك الزاهره لمغيب
مهما بنزوَر قصايد
مهما بنحاول نجِيب
كوم كريم ونداري وشو
وصبغه ونعاند المشيب
كُلِنا المرعوب وخايف
بس مستني الطبيب
والطبيب مكلوم وعارف
إنها ف عز المغيب
بس بيكابر ويحلم
تلتئم يمكن تطيب
والخيول تكره صهيلها
تلعنو وتنسى المشِيب
والجهاد يرجع فريضه
والخنوع يوجع وعيب
نبتدي نلِم العشيرة
نفرز الوش الغريب
جاي منين وازاي بيدخُل؟
أرضنا ويصبح قريب
مننا ويصبح دوانا
ونبتدي نشوفوا الطبيب

عند بابِك

عند بابك قلبي واقف
فيه حنين الكون دا كُلو
فيه خُشوعو وفيه صلاتو
وفيه انين الشوق وذُلو
فيه ممالك راح زمانها
وفيه سؤال عن ايه فاضلو
من دروبك غير عتمها
وضي باهت شِبه ضِلو
كان أنيسو وكان صديقو
وكان ساعات في النور يدِلو
أد ايه فات من نهارو
وأد ايه م اليوم فاضِلو
وانتهت فجأه الحكاوي
وابتسم شاور لضلو
نفسو وحدو يلوذ ببابِك
مش معاه ولاحتى ضِلو

ب اسأل ياولاده

ب اسأل ياولَاده
ياجريحه منكاده
والشوق جواب شافي
مُش لَف كالعاده
معقوله دا نسلِك؟
لميها بزياده
وقومي ارجمي فَسلِك
ياعزيزه وزياده
ياطاهره طاب أصلِك
يامُ الكِرام ساده
بالله لتقومي
وكفايه ب زياده
بيهُم بنتعاير
كاتمين وبزياده
وأكيد كلام وصلك
عنهُم وبزياده
يامطوله بالك
ليهُم وبزياده
بالله لتقومي
وتبطلي العاده
بالصبر ع الواطي
والقهر للساده

فيك حاجات

فيك حاجات يرحم زمنها
وفيك حاجات ما بتنتهيش
مهما بتبدل عساكرك
مهما بتغير في ريش
يفضلوا ولاد الأكابر
واحنا لينا يدوم مافيش
غير وجعنا وحلم باهت
لسا ماوصلش العريش
على الحدود مسكوه تحري
وسابوا تُجار الحشيش
وصوره للأجداد بتركع
تحتها لصورة الشاويش
وشبه ناس بتقول ياباسط
مُخبريين بتقول يعيش
شبه رسم وكان خريطه
وشيخ بيفتي عن الياميش
أي حاجه ف أي حاجه
ودين بيصبح أكل عيش

ضمير مُزعِج

وساعات ب اعاند في الحياه
وساعات ما باستناش كتير
كُل الملام بارميه عليك
ياقلبي ومعاك الضمير
كان يجرى ايه ؟ لو طبع فيك
يسكُت ونرتاح م النفير
أو تهدى مره على الحياه
جرب تعيشها بدون ضمير
لو مره يعني سمعت اه
طنش وكمل فيك مسير
وكتير مشاكل في الحياه
بس انتا غاوي تكون غفير
على أي هنه وأي آه
تبدأ خلاص وبصوت جعير
تفضل تحاكم في الحياه
تفضل تنادي على الضمير
طوابير لعرض وانتباه
وخلاص وقفنا ماعادش سير
إلا اما تعرف مين مُدان
تُنصُب مشانق للضمير
والكُل بص خلاص وراح
وانتا اللي صارخ بالنفير

ضحك على الدقون

واهو كُلو هَم وغَم
ضِحك على الدُقون
وزهور بتدبل تتدفن
جوا السُجون
وبلاد بتستنى الفرج
فَتجِيب دُيون
والماشطه مِلِت عكَها
ف دي الحيزبون
والكُل مِستني القَدر
وأوان يؤون
وعيال كتير ب تذلنى
ب هَمس العُيون
تِجلِدني تُعصُر قلبي
تِفتَح في الظُنون
طَارحه الأماني ح تِترِسِم
ولا الجُنون؟
لساه بيلعب لعبتو
وعامي العُيون
بمزاجها ساكنه ف آسرها
وعاشقه السُكون
كسلانه تزرع نبتها
تِشوف الغُصون
مرعوبه تِملك أمرها
أو يوم تكون
أد الرهان أو تُدخلو
وتفتح حُصون
للحلم يبدء يشتهي
يملي العيون
بالكون وفَرحو وبهجتو
وينسى السُجون

السا كنه فِينا ف دمِنا
وعاميه العُيون
عن أي حد من الحرس
وكتير حُصون
وبلاد بتُمضُغ همها
وساهمه ف سُكون
أول شاويش يقابلها
بتجيبو الصالون
نِجمَع عِزَالنا ونِنكشِح
بدأ الطاعون
ندخُل جُحورنا
وننتظر يا أوان تؤون

خدنا القرار

يفضل منامك خوف
وتفضل صحوتك
مُر ومرار
تِكره في ليلك تلعنو
وتلقى النهار
مليان بدم بيلعنك
وبألف تار
رغم العساكر والحرس
تم القرار
بينك وبينو يادوب ضباب
طلعة نهار
بعديها صعب الكر
ومُحال الفرار
رُحت لقضاك
وانفض فينا الإنتظار
فجأه انكسرت
وفجأه بنقولك دا غار
فينها الحراسه
وفينو كم الإنبهار
إنك مُخلد مقتدر
وف لحظه سار
كما ليل وفجر بيجلدو
وبعديه نهار
نسيناك نسينا المهزله
وخدنا القرار

عد فى الأوهام

عِد في الأوهام وكتر
لف في الأحلام وعبي
جمع الشله وطرطر
زيد في همي وزيد في غُلبي
عايز اشخُر لك وخايف
ذلتي تبين معايبي
م الخيال اللي فغباوتك
كليتي بتزوق قلبي
والمراره نسيت مكانها
والمخاصى خلاص في جنبي
كُل شئ في بلادي غامق
إلا عندك لونو بمبى
والبلاده بقت شعارك
والوعود بتعدي جنبي
مره تُصرُخ مره تُلطُم
وانقهر واصرُخ ياربي
وانتا ب تطرقع صوابعك
والجميع مكتوم معبي
وانفجارنا خلاص قُريب
مهما بنحاول نخبي
حلمنا مُشتاق لفارس
وانتا لسا يادوب بتحبي

الجوع

من بدري الجوع قاتلنا
من أيام اللئام
ياكلوا ويتهنوا واحنا
نشبع ممنوع حرام
والجوع مخلوق عشانا
وهديه من النظام
والخوف نشبع في مره
نبدأ نعصى الكلام
وبقيت ماسك الرغيف
وب اغمس بالكلام
بكلام موزون خفيف
يسلم شيف الكلام
سلقو وظبط وسوا
لكن يفضل كلام
جايز يعجب دماغك
يمكن تهتف تمام
وتنادى تقول دا هوا
ويسلم شيفنا الهُمام
ظبط سبك وسوا
يلا نجهز برام
وح ناكُل لما نشبع
اكله ترُم العظام
تغسل وتمد إيدك
تلقى الموضوع كلام
نفس الشيف الحنين
طابخ نفس الكلام
فتة أحلام وشوربة
خروع منقوع سخام

أخرة الاحلام

أخرة الاحلام بتقلِب
في البلد دي بمية كابوس
مهما بنحاول نعافر
مهما بنمني النفوس
دمنا النازف بيُصرخ
مُستباح من جيش ناموس
رغم صبر ورغم ذِله
ورغم أطنان المُكوس
تتندفع ونقول ياباسط
بُكرا تتنفعنا الدروس
نلقا بُكرا بهَم طافح
خلق ماشيه بدون رؤوس
كُلنا بنتخبى منا
وكُلنا يحاول يدوس
ع الوجع ويخاف لا يُصرُخ
يتحبس يتقال جاسوس
والمُعين ع الغُلب ربك
ينشغل عنا المجوس
يعتقونا لوجه سيدنا
ونصحى مره بدون كابوس

إنسان طبيعي

إنسان وطبيعي جداً
عاشق ولأي حد
واتماشى معاه وجداً
لو حط لنفسو حد
يتسلل جوا قلبى
وبنبقى هات وخُد
وشروطي بسيطه جداً
وتناسب أي حد
يدخُل يفرش في قلبي
يُقطُف ويلم ورد
طارح دايماً ونادي
ويهادي لأي حد
وكريه وسفيه وجداً
وبادوس وفأي حد
لو هد السور وخطى
أو عدى لنفسو حد
يمكن مكانين تلاته
ممنوع يدخُلها حد
والباقي براح وجداً
مسموح ولأي حد
إلا المكانين تلاته
ودا حق لأي حد
عندو مداين لوحدو
أبداً مادخلها حد
يمكن أطلال مداين
يمكن حواديت ووعد
مستني يؤون أوانو
أو منو يجيلو رد
يقدر ينطق ساعتها
أو يحكي فيوم لحد

ولحد مايجي وقتو
ممنوع على أي حد
إنو يخُش المداين
أو حتى يعدي حد
والباقي طبيعي جداً
إنسان وكأي حد

قبل النوم

قلبى ووجع الكلام
وحساب قبل المنام
ويمُر اليوم بحالو
وكتير وكتير كلام
زعَلت فُلان بنظره
وفُلان مار ماش سلام
وفُلان كان مالو شارد؟
متضايق مش تمام
حتى مابصش وشاور
ولا لمَح بالكلام
يمكن حال المعايش؟
أو يمكن م المدام؟
لكن دا مراتو ماتت
يمكن من ألف عام
من يوم ماعرفتو أصلاً
هوا ماعندوش مدام
راجل غامض وجداً
وقُليل في الكلام
يمكن زعلتو مني؟
لازم حتماً تمام
وألقاه دلوقتي صاحي
ولا اتكلفت ونام
طيب بُكرا اما أقابلو
نبدأ نفتح كلام
فجأه بتظهر شاهنده
بنت مراتو لحُسام
كانت رايحه الحضانه
تعبانه من الزُكام
وازاي تسمح مامتها؟
بُكرا ح اكلم حُسام

17

وزكيه مراة هريدي
أيوه بتاع الحمام
كانت مغمومه خالص
يمكن شافت غرام
أيوه عشيقتو لهريدي
وداير عنهُم كلام
مع إن زكيه لسا
كتكوته وفي التمام
طيب بعدين ياغُلبى
وانا إمتى حاقوم انام
تفضل فيا الحكاوي
ويفضل فيا الكلام
سهران وعينيه مفنجل
باترجى انا فيه ينام
متمني يخف شوقي
مره لوجع الكلام
واحلم تسكُت دماغي
وحساب قبل المنام

الصمت

وخلاص مابقاش للصمت بديل
ويتقبل أو ترفض في الحال
خُلق الايام ع الأخر ضاق
ما عادتش ب تشغل بيك البال
مش وحدك بس دا حال الكُل
والكُل اتغير بيه الحال
فمتستناش شمس تدفيك
أو حد يدُق الباب لسؤال
والكُل خلاص بقى فيه مشغول
والكُل بيرسم فيه ترحال
مش عارف امتى حيوصل فين؟
لكنو مكمل في الموال
مابقاش بيهمو الحلم كتير
مابقاش بيجاوب حتى سؤال
عن كيفو وحال الدُنيا معاه
عن زهقو وطفشو من الأحوال
والصمت يادوب بيحايل فيه
وساعات مايشوفش من الغُربال
بقى كُل الحلم سكوت وهروب
بقى كُلو بيرسم فيه ترحال

مُثقفين عرر

يا مُثقفينها عرر
ياشلة الأوباش
واللي يطاوعكو انتحر
باع دينو فيها بلاش
واللي نقولوا دكر
يطلع ذميم خُفاش
بالليل يمُص الدما
وبالنهار هباش
ويبيع بأبخس تمن
ويبيع كمان ببلاش
يسجُد لأوسخ صنم
يكدب يقول ماجراش
مع إنو قبض التمن
من بدري ما استناش
ساعة المعارك هرب
في الجُحر لسا ماجاش
في النصر فوق الجُثث
واقف وما استناش
يهتف يلم الرمم
ويمجد الأوباش

في بلاد الموعودين

في بلاد الموعودين
في بلاد أم العجب
مُمكن تصبح مَكين
بلا كَد ولاتَعب
لمُجرد ابن مين؟
أو مين زكى الطلب
زقك كدا زقتين
شخلل عمل العجب
خلى الموضوع بسيط
وخلاص بدأ الطرب
رغم انك شئ هجين
ولا علم ولا أدب
لكن م الموعودين
ف بلاد أم العجب
خُلصت مبروك عليك
ونروح احنا الثُرب
ونشوف يمكن يجوز
ينفع نعمل طلب
نحجز مدفن جماعي
يمكن فيه الهرب
ويدوموا الموعودين
وتدوم أم العجب

أحلام بالزوفه والحق

أحلام بالزوفه والحق
ادخُل واغرف وشيل
بس انتا تكون مهاود
وصبور بالك طويل
على بال ما الدُنيا تصحى
ويفتح عمك خليل
ويهل صبيو بلحه
ينصُب سيركو الرذيل
وتحاول منو تفهم
تلقى دماغك تقيل
يبدء يوعد ويحلم
ويحُط حاجات يشيل
ويشيل ويحُط تاني
تبدء راسك تميل
والرغى يزيد ويكتر
والبال مابقاش طويل
تزهق وتقول ح اروح
تبقى اتحسبت جميل
لازم تستنى تُصبُر
روق خليك تقيل
على بال ما الحلم يطرح
تبدء تغرف تشيل
أو بلحه يروح مايرجع
يعرف عمك خليل
العيب اصلاً فى بلحه
مُش فى الحلم الجميل

أي حاجه

كُلو متأكد وعارف
إنو مابيفهمش حاجه
وان كُل كلامو فاضي
يتوزن مايجيبش حاجه
بس بيسقف وخايف
إنو يوم يحصللو حاجه
والكلاب تتساب وتنهش
شئ بسيط وأقل حاجه
بعدها يلفو اللي باقي
ومات ياسيدي بأي حاجه
سكته مُمكن جلطه مُمكن
ورقه وسخه وأي حاجه
تنكتب والختم جاهز
حد حس بأي حاجه؟
والجميع طبعاً بيُسكُت
أيوه صح ماشافش حاجه
كُل حِلمو ف يوم حتفرج
وإنو يكسب أي حاجه
حلم تافه حلم خايب
منو مابيفضلش حاجه
ماتت الأنهار وجفت
والخراب بقى كُل حاجه
واللي فاضل بس جوعنا
حُزننا وعلى كُل حاجه
وانتظارنا لبُكرا نخلص
م اللي مابيفهمش حاجه
وييجي حد حقيقي فاهم
منها نلحق أي حاجه
هيا يعني حقيقي نشفت
بس فاضل فيها حاجه

من عبيرها ومن طموحها
ب إن بُكرا حتبقى حاجه

كُل شيخ

كُل رايه وليها شيخها
وكُل شيخ واهو لُه طريقه
فى الملاوعه وفى المناكفه
وفى الهروب من دي الحقيقه
اننا ب نتباع وعلناً
رسمي من أول دقيقه
من ميلادنا لحد موتنا
حتى احلامنا البريئه
ب يبيعوها كمان معانا
ويكسبوا ولاد الدنيئه
من سكوتنا ومن وجعنا
ومن هروبنا من الحقيقه
انهُم غاصبين بلدنا
واننا الطبقه الرقيقه
أى حد يعوز يدوسها
وتسمع الكلمه البذيئه
بدون مساءله بدون مُحاكمه
مُش مصدق؟ شوف ب نفسك
وانزل الشارع دقيقه
تلقى كُل الناس بتُصرُخ
دايرة الأحزان عتيقه
قافله من أيام جدودنا
وسامحه بس بدي الحقيقه
اننا بنتباع وعلناً
رسمي من أول دقيقه

ما نجيلكش ف مصر

مانجيلكش ف مصر يا اسطى
مصر قصه خلاص وراحت
مصمصوها وهدوا حيلها
جُثه هامده وريحه فاحت
عطر كان جامع أِجبه
أُمه شابه وفجأه شاخت
وزعوها خلاص عليهُم
واللي فاضل ضل باهت
لو فاضلك منو حاجه
خُدها وأُشكر وانتا ساكت
لم نفسك مشي حالك
ولا تبقى ذكرى فاتت
واحتسب زي اللي قبلك
خلق عايشه وخلق ماتت
وانتا مستني ف أخرها
وبُكرا بعدو تطُب ساكت
يدفنوك زي اللي راحوا
وتبقى حلم ودُنيا راحت
ما اكتسبتش غير وجعها
عشت فيها ومُت ساكت
واما فجأه نويت حتنطق
مصر قصه خلاص وراحت
فرقوها خلاص عليهُم
واللي فاضل ضل باهت

مصر أكبر منهُم

مصر أكبر من دي شله
ومن دا شعب ومن دي ناس
مصر أكبر م الحُثاله
وم اللي أخرهُم مداس
أمنجيه وطبلجيه
وقوادين تحسبها ناس
دود بياكُل كُل حاجه
وسوس بينهش في الأساس
خلق جات من أي حته
وأي حد استجرا داس
فوق تُراب كان حلم جدو
يوم يشمو ويحني راس
جنسوهُم مكِنوهُم
فجأه فينا اتزرعوا ناس
تُرك ماشي غُز ماشي
ومسخوطين مالهُمش ساس
مملوكين تُأمر وتنهى
والقبايل حانيه راس
والملوك عافت سكنها
بتنتحب وتقول خلاص
رحلونا لأي حته
عضمنا اشتاق للخلاص
بس تبقى بلاد حقيقي
وليها أصل وفيها ناس
ناس تكون في اصولها واضحه
مُش هجين من أي ناس
مأسورين من أي حته
ودخلوا فيها اتعملوا ناس
طبل ماشي رقص ماشي
بذره واطيه من الأساس

نسل مُش معروف جدودو
وعد نفسو وفيها ساس
واتحسب واتعد فارس
بس ساعة الجد داس
شبه شئ أسمو الكرامه
ذل نفسو ووطى باس
ومصر أكبر من دي خلقه
ومن دي سحنه ومن دي ناس
بس مستنيه فارس
يتولد ويقول خلاص

واشرح لها

عند أُمك ياجميل وانتا بتشرح لها
وتخلي البال طويل وضح فسر لها
كُل الاحلام بتخلص
واهي داخله ف بعضها
تُلطم.. ؟
خليك تقيل وفكيك
قوم هزها
وشد التحزيمه حبه
وكمان زود لها
بتموت ف الرقص جداً
ولاشيئ بيهمها
بعديها ب تنسى خالص
وتطمن أهلها
يدولك فرصه تانيه
وبعدين بيحلها
نحسك بكتير مصايب
وتجدد غُلبها
وتنسى الخيبه التقليه
وتدور بعدها
على أي مُصيبه أتقل
وتروح تشرح لها
خُلصت كُل الأغاني
والباقى اشرح لها

ماشيه البلد

ماشيه البلد
شايله الخراب تُمضغ كمد
بوعود كتير بتروح في بير
ومطبلاتي بيتولد
ويموت حكيم يسكُت ضمير
يبلع لسانو ويتوئد
ويقوم غفير يخصي الأمير
والخلق ساكته ب تتجلد
وبتاع فطير مالهوش كتير
في الشُغله ناظر ع البلد
يركب حمير ويقول ح اطير
والكُل يهتف ياولد
ويعود كسير مهزوم أسير
تنزلو من تانى البلد
بجموع كتير ناويه المسير
قال أيه ب تتترجى الولد
فات الكتير باقى اليسير
واكيد ح يبنيها البلد
وابو الضمير مسجون أسير
بيعاني يُصرُخ م الكمد
ومعاه كتير تاعبو الضمير
واقفين ينادوا على البلد
جالهُم غفير وبصوت جهير
هلل وجلجل واتفرد
ياتعيشوا فيها كأي غير
ياتغوروا تخفوا من البلد

بياعين الوهم

بياعين الوهم دايماً
في البلد دي صحاب مشيئه
كُل عصر وله رجالو
وكُل وقت وله حقيقه
إلا دول نافدين ودايماً
عندُهُم مليون طريقه
كُل لحظه وليها توبها
والمواقف بالدقيقه
لحظه أهلاً لحظه مرحب
لحظه سيل كلمات بذيئه
وكُل خُطبه وليها مجلس
عندُهم كُل الحقيقه
نحتُهُم فينا بتأني وبمزاج
وعيون بريئه
عمرها ماتشوف وجعنا وترحمو
لو يوم دقيقه
يعزمونا في يوم فرحنا
وفجأه ينسوا فأي ضيقه
إنهُم عايشين معانا
يختفوا بمليون طريقه
وبُكرا بعدوا يهلوا تاني
والجديد بس الطريقه

عايزينكُم خدامين

أُقسم بالله تلاته
ويمين فوق اليمين
وبدون أوزار عليا
ولاكفارة يمين
حلفان واضح وبين
واثق مليان يقين
دول ناس مافيهُمش رحمه
عايزينكُم خدامين
وكبيركُم فيها مُخبر
يعمل شاي في الكمين
يفضل يضرب تحيه
طالعه ونازله الإيدين
والرُتبه تكون عيالهُم
أما انتو ف منها فين
والنايب يبقى منهُم
وانتو الحاجب حزين
يفضل يزعق ينادي
ويرُص ف محكومين
دايماً أبداً تبعنا
جعان بيشيل في طين
ولامره ف يوم بيغلط
وينادي المسنودين
دول فوق الشك دايماً
والكُل شريف أمين
أخدوا التطعيم وبدري
تطعيم ضد السنين
بيسموها العموله
ويادوب بياخُدها مين
واصل عارف المسالك
محسوب م الموعودين

أما احنا ففيها دايماً
ع البر وعيانين
عُمر التطعيم مايوصل
ولا تشملنا السنين
عايزينكو بدون ملامح
ويادوب مخلوق هجين
كُل التفكير في هدمه
ويادوب اللُقمتين
بعديها تقول لجارك
نعمه نبوس الإيدين
وطموحك كُلو هاجر
أو كون خدام لمين
كُل سلاحُهم ف صدرك
وانتا النمرود لعين
لازم تتداس ودايماً
تفضل ماد الإيدين
تشبع.... يبقى انهيارهُم
تفهم.... تبقى اللعين
وأكيد من برا قابض
وأمير تنظيم مكين
أسمك وفكُل نشره
م المركز للكمين

النقوط

هزيت ورقصت جامد
وبتستنى النُقوط
وياحلو خلاص ماراحت
بُكرا يهد البيوت
ويقولك فيه ضريبه ع النوم
وان قُلت اموت
مش ح يقولك سلامتك
لكن حتلاقى صوت
بيقولك يلا شخلل
وادفع علشان تفوت
والتُربه تمام وجاهزه
لكن وفق الشروط
تدفع تنزل تريح
وقدرت تفوز بموت
ملايين واقعين في عرضو
حتى بتوع النقوط
من بعد الرقص ياما
والغنج بأعلى صوت
مابقاش في الحلم مُمكن
مابقاش حتى النقوط
ناسيين الحلم كُلو
وخايفين هد البيوت

دوله

وساعات ب اصدق
إننا دوله
وادخُل ف نفسي
ونبتدي مداوله
مين اللي يبدء
بالكلام أولى
عقلي ...مشاعري
ولا م الأولى
نرسم حدودها
نحدد الدوله
يعني المُتاح
ولا اللي كان دوله
ونسيبنا م اللي راح
خلينا ف الدوله
نبدأ بقى التحديد
ونعَرَف الدوله
وغرقت في التحديد
وخسرت مية جوله
وب الم نفسي أكيد
وباقول يانوم أولى
خلينا فيها عبيد
ومصدقين دوله
فيها التحوت بتسيد
وبيصبحوا الدوله

و عيالنا تستشهد

و عيالنا تستشهد
حيقولوا كم كلمه
ويكملوا السهره
ويلاعبوا نسوانهم
ويناموا ف بيوتهُم
ومن الصباح بدري
ح يروحوا للمُفسد
ويلموا بعضيهُم
وانتا الطريق تفرد
سجاجيد بلون الدم
وافرد كمان وافرد
يتصوروا هُما
وانتا البعيد تبعد
تبكي على اللي كان
سندك واهوا استشهِد
لبى ندا الرحمن
خلاك بعيد تبعد
عن صهدها النيران
يوم ما الجموع تحشِد
يتحاكموا للديان
وبدأ السؤال يِرعِد
عن كانوا فين نايمين
و عيالنا تستشهِد
وقريب يايوم الدين
ب عيالنا نستشهِد
وبيلعبوا ونايمين
و عيالنا تستشهد

اللي عارفين الحقيقه

اللي عارفين الحقيقه
ف البلد دي قُليلين
واللي مُمكن ح يقولوها
لسا طيف مُش موجودين
لسا بيتم اختراعهُم
بس هُما مزرنجنين
مُش عاجبهُم يبقوا منا
ومُش أملهُم يبقوا طين
أي حد عليه بينقُش
قِصتو وكدبو اللعين
والجُموع تهتف تصدق
إنو كان فاتح مُبين
والحقيقه يادوب بتوصل
عندنا وتُصرُخ لمين؟
تسيبوني أغيب لوحدي
وابقى سر كئيب دفين
بس في ضلوع اللي عارف
وامتى حيبوح الكهين؟
امتى ييجي اليوم يقولني
وامتى مره ف يوم ح ابين
باتولد وباموت لوحدى
سر في ضلوع الحزين

رسايل مُش لحد

يا رسايل مُش لحد
باكتبها فكُل لحظه
ولا عُمرى يجينى رد
لكن باكتبها دايماً
وانقُّشها بشوق وود
واستنى فيوم حتوصل
أو مني يجينى رد
وادخُل ابعبش فى نفسي
واتمنى ح الاقى رد
وارجع دايماً لنفسى
بجراح مُش قادر اعد
مالقيتش انا حد فيا
ولامنى وصلني رد
لكن باكتب رسايلى
وانقُّشها بشوق وود
واستنى فيوم ح توصل
أو منى يجينى رد
وادخُل جوايا ابعبش
وتصادف الاقى حد
مُش فارقه كتير معايا
يضحك يدينى ورد
لكن مُمكن أخيراً
يمكن حيرُد حد

ضي

لساك في الحلم ساكن
ضي ف عتمة سنين
مهما بتدبل بلادى
فجأه بيطلع خزين
كان جوا الصمت ساكن
لكن مليان يقين
لساها بلادي حُره
مليانه بشوق سنيين
تشدي برغم انكسارها
وتعافر في الآنين
زرعت وبتروى بُكرا
رغم بوار السنين
وحييجي اليوم وتطرح
تُحصد نبت اليقين
وتقوم تُنفُض وسخها
وتِلِم المُنشدين
حتى الطير اللي هاجر
راجع عطشان حنين
فارد ع الكون جناحو
نشوان عزم ويقين
إنك م الحلم طالع
ضي ف عتمة سنين
فاتح ف كنوز بلادي
وبتطلَع م الخزين
أحلام واهو آن اوانها
باديه بتصبح يقين

عم علوكه

عم علوكه بتاع المجلس
جالو الأوردور لِم المجلس
لم صحابوا
ونصبوا القعده
وفتحوا المجلس
يلا يانايب
يلا يا نايبه
كُلو يشهِل
خلص واجلِس
هُما يادوب
بُقين وحنختِم
وكُلو يروح
على بيتو ويجلس
أيوه طوارئ
واخرس واجلس
وبس ياسيدي
اتفض المجلس
ونادى الحارس
قفل المجلس

احتلال

خلاص ريح بقى دماغو
ماعادش ضروري يحتلك
خراج أرضك بيوصلو
وصار أملك يكون خلك
بقيت داير في افلاكو
بقى شمسك بقى ضِلك
بقيت تهمس تودودلو
بقى فجأه أمين سرك
بقى العادل بقا الطيب
بقى ع الصح بيدلك
وليه يشغل بقى دماغو؟
يجيب جيشو ويحتلك
خلاص كُلك بقيت عندو
ومن دقنك بيفتلك
بقى الزارع بقى الحاصد
واخر اليوم يفتلك
يحدد لك حُدود حلمك
خيوط توبك بيغزلك
بقى ف دينك بيفتيلك
ويحذ فلك يبدلك
خلاص خلصت بقيت عاله
ومُش محتاجه يحتلك

العِلم

ماعادش العلم بيعلي
ولا حتى يجيب همو
واهو ذاكر واهو اتخرج
واهو اتلقح وجنب أمو
واديك ثاير ومتوتر
واخر اليوم بتتلموا
على القهوه وتتسايروا
ومية واحد يقول همو
وفين ابنك؟دا ع القهوه
وفين ابنك؟دا عند أمو
ويسرح كُلو في الدُنيا
ويغرق كُلو في غمو
بلاد دبلت خلاص شاخت
وفيها الحلم جنب أمو
بيلعن كُل يوم بختو
وبيعاير ف ابوه وأُمو
ملوا دماغو بكلام فاضي
وفى الأخر ماجاب همو
مادام فُقرا ومافيش واسطه
ماكانش ضروري يهتموا
بعلم ماعادش بيعلي
ولا حتى يجيب همو

ثوره بالمشاريب

واستكتروها عليك
إنك تكون ثوره
نصبوا الكمين حواليك
ودخلنا في مداوله
بقى كُل شئ مسموح
إلا وجود دوله
نهشت كلابُهم فيك
جوله ورا جوله
غرسك وصُنع ايديك
مابقاش خلاص ثوره
واتقدم الريجيسير
أكشن تقوم ثوره
وعملها ناس فاهمين
في الفن وعتاوله
واهو جبتهُم بإيديك
سلمتُهُم دوله
من تاني ضحكوا عليك
وخدوها كمقاوله
بتشوفها شوف بعنيك
بس القريب أولى
وادخُل وخُدلك دور
واطلُب لنا طاوله
واللعب ع المشاريب
ولا على الثوره ؟

تحت الطلب

أيُها الساده الكرام
بُشرى هامه وغاليه جداً
واسمعوا خلاصة الكلام
طول ما عقلك جوا راسك
طول ما بتحب النظام
تبقى طاهر تبقى مؤمن
تبقى حتنول المرام
والكلام موثوق ومُسند
عند مُفسينا الهُمام
واللي فاتح كُشك فتوى
فرع تظبيط النظام
كُل شئ حاضر ومُمكن
وف ثواني يكون تمام
أي فتوى تعوز تلاقي
فيه دليفري وفيه برام
ضاني ماشي. بقري ماشي
وانتا بتحدد بكام
همو كُلو ف أكل عيشو
وعايز ايه منو النظام
مُستعد لأي فتوى
وكُل خُرم وله لحام
المهم تجيب تمنها
وأي شئ يرضى المدام
بطه ماشي وزه ماشي
وبعدها تلاقي الحرام
صار حلال جداً ومُمكن
بالدليل عن مية إمام
من صحاب المُفسي طبعاً
من فروع كُشك النظام

24 يناير

خُش بشوية عواطف
جنبُهُم حبة دموع
بعدُها التخويف ب ليبيا
وخلي كُل الناس تجوع
نزل الشياطين توسوس
يبدأوا بسرعة الطلوع
في القناه دي وف القناه دي
وتبقى اشبه بالنجوع
كُل حد معاه فريقو
ويبتدوا يفضوا الجموع
تصبح المركب مراكب
وأى ريس مُش قنوع
غير برأيو وغير فريقو
ويبتدوا ف تكسير ضُلوع
بعدها نقول الخيانه
وكُلو يبدأ في الخُضوع
نجتهد نغسل دماغُهُم
نبتدي نحلي الرجوع
ل 24 يناير
وانتهت بدأوا الرجوع

أى رد

وتعيش وتدوم بلادي
خاليه ومن أي رد
عن مين؟ مع مين ؟وإمتى؟
وأيه الموضوع بجد
الصُبح تقوم بثوره
تملى الميادين بورد
تهتف خُبز وعداله
وحُريه لكُل حد
وتحيه من العساكر
وكأنو كلام بجد
حيا المخلوع وكمل
عدد في محاسنو عد
وافتكر الثوره طبعاً
واداها سلام بجد
عزانا فكُل ميت
كان ناقص بس ورد
فجأه اتغير كلامهُم
حسبوها بكُل جد
مجلس عسكر بيُحكُم
مُش طايق أي رد
مليان بكتير عساكر
عارفينهُم فرد فرد
بعديها بقالنا ريس
مُش عاجب أي حد
يا اخوانا ادولو فرصه
واستنوا ف يوم يرُد
وردودو كتير غريبه
أبداً ما بترضي حد
وحليت في عيون وزيرو
وبدأنا ف هات وخُد

46

وانزل فوضنى يلا
وانا أخلي الدُنيا ورد
طبل وزمر وأغاني
بوعود ولأي حد
ح تشوف بقى مصر بُكرا
وكُلو بيحسب يعد
فجأة الأوهام بتخلص
فجأه بتقلب ببرد
ورياح من كُل حته
بتشيطن أي حد
رجعت مصر لصُحابها
ولسا بنستنى رد
وتعيش وتدوم بلادي
خاليه ومن أي رد
عن مين؟ مع مين؟ وإمتى؟
وايه الموضوع بجد

خادم كُل الملوك

خادم كُل الملوك
من مينا لحد بلحه
من جد جدود جدودك
عُشاق فقر ومُكافحه
تتكلم ..فوق دماغك
ودماكُم لسا سايحه
وأمك كما سلو ستك
مكلومه كتير ونايحه
والجوع فى الكُل ضارب
والقصر راويحو فايحه
سُكر وهيصه وأغاني
وعرايس نيل وسارحه
والمهنه بيحكموك
رُخصه ومُمتده صالحه
نفس السحنه الكئيبه
ووشوش ملعونه كالحه
وبتحلم يرحموك
أو مره تفوز بنفحه
والسِلو بيفقروك
ويخلو العيشه كالحه
وانتا مكبر دماغك
عاشقه الاحلام وسارحه
حنتنام والأرض بور
تصحى وتلقاها طارحه
وادخُل جوا الطابور
واستنى الكنج بلحه

تدليس

إنهُ التدليس ياسيدنا
لما بنرضع ولادنا
كُن في حالك وانتا مالك
نوسمو بختم المُهادنه
بعدها نولول ونندب
حظنا وخيبة حصادنا
نتهم ونعيب ولادنا
أنهُ التدليس ياسيدنا
بعرضها وطولها لبلادنا
ياما طبلنا ورقصنا
وياما طاطينا وهاودنا
نبقى ساعة الهلس قُله
ولما نادى الحق هُدنه
إنهُ التدليس ياسيدنا
لما بنريح دماغنا
ونفتكر قال ايه عارضنا
بكلمتين ع القهوه يعني
وإننا صحابها لبلدنا
والنظام حيلم نفسو
نشترك ونمد إيدنا
وفجأه قال اللص عُدنا
إنهُ التدليس ياسيدنا
بل هو التعريص ياسيدنا

جوافه

أُقسم بالله جوافه
بس انتا شايفها تين
أو عارف بس خايف
من لوم الشمتانين
وشماته ياسيدى مالو
وتاخُدلك كلمتين
أفضل ماتعيش مُغيب
مُش عارف الصح فين
صالح نفسك ح تعرف
وحتوصل لليقين
والحق بسيط وواضح
باين ولكُل عين
بس انتا تصون دماغك
م اللت وم العجين
وتسيب المُخ يفهم
يوصللو الأوكسيجين
وادي لنفسك أجازه
من طقم الكدابين
ماسكين حبة جوافه
وانتا اللي شايفها تين
أو عارف بس خايف
من لوم الشمتانين

حروف

لِم حروف القصايد
واقفل بابك عليك
وادخُل دور في نفسك
تلقاك مُشتاق إليك
شوفك وارتاح شويه
ضُمك طبطب عليك
وابدء بعديها رتب
حلمك والباقي فيك
من قطر خلاص بيرحل
وكتير بيشاوروا ليك
وانتا تحاول تعافر
ويادوب ترفع إيديك
وتلف تداري دمعه
سقطت رغم اللي فيك
من صبر ومن تجلُد
دايماً بيبان عليك
مع إن الرقة طبعك
وجذورها النابته فيك
مهما تحاول تداري
مفضوح باين عليك
من خجلك في ابتسامتك
وحنين ساكن عينيك
واضح والكُل عارف
إنك مُشتاق إليك
فابدأ لِم القصايد
واقفل بابك عليك

بلاد الأي حد

يابلاد الأي حد
جاهز وبأي رد
وكتير ساكت مطنش
مُش واخد الدُنيا جد
وبيفهم كُل حاجه
وبيطاوع أي حد
بيعيشها وع الحُركرُك
من غير مايعادى حد
رأيو موافق لكُلو
باصم ولأى حد
حلمو يمشي المراكب
والريس أى حد
بحار جزار فرارجي
مش فارق عندو حد
بس تسير المراكب
والبركه ف أي حد
يفضل للدفه ماسك
وينافق أى حد
الموجه خلاص بتهدى
وحيبان للبحر حد
لكن كالعاده دايماً
بيصدق أى حد
وتتوه بيه المراكب
تغرق مايبانش حد
والعيب عيب المراكب
مش عيب الأى حد
وكمان البحر عايب
لازم يرسملو حد
والحل بسيط وهين
دور على أي حد

ونجرب أي حاجه
يمكن نوصل لحد
واللي يدور يلاقي
في بلاد الأي حد

القصائد

Don't miss out!

Visit the website below and you can sign up to receive emails whenever طارق التريري publishes a new book. There's no charge and no obligation.

https://books2read.com/r/B-A-KEUT-JUTYB

BOOKS 2 READ

Connecting independent readers to independent writers.

About the Author

منشوراتي

في بلاد الأي حد

قلبي اللي عشقك

إنفصامستان

وجع القصيده

كُل العساكر كدابين

الصُبح في بلادي

شباكي الفاتح

سُلطان العاشقين

قُليل لما باشتاقلي

دوايرك

دم الحُسين

على باب الله

صباح القُدس

عند باب الحلم

لماكانت مصر دوله

ذكريات الميدان
التُهمه عربي

Read more at tarqablog.blogspot.com.